নেট ফড়িং বসন্ত সংখ্যা - ২০২২

নেট ফড়িং

Copyright © Net Phoring
All Rights Reserved.

This book has been published with all efforts taken to make the material error-free after the consent of the author. However, the author and the publisher do not assume and hereby disclaim any liability to any party for any loss, damage, or disruption caused by errors or omissions, whether such errors or omissions result from negligence, accident, or any other cause.

While every effort has been made to avoid any mistake or omission, this publication is being sold on the condition and understanding that neither the author nor the publishers or printers would be liable in any manner to any person by reason of any mistake or omission in this publication or for any action taken or omitted to be taken or advice rendered or accepted on the basis of this work. For any defect in printing or binding the publishers will be liable only to replace the defective copy by another copy of this work then available.

বসন্তের পাতা ঝরা দিনগুলোকে...

বিষয়বস্তু

ফড়িং কথা	vii
লেখক-সূচী	ix
1. সমর্পণ	1
2. আবার বসন্ত এসে গেছে	2
3. ধূসর বসন্ত	3
4. সহবাস	5
5. রং নয়	7
6. বসন্ত ফিরে ফিরে আসে	8
7. বসন্ত বাতাস	9
8. না বলা ভালোবাসা	10
9. বসন্ত স্মৃতি	11
10. বসন্তের শেষে	12
11. বসন্ত ও কিছু কথা	13
12. কলঙ্ক	15
13. শেষ বসন্ত	16
14. বনবালা	18
15. অবুঝ	19
16. বসন্ত বিদায়ে	21
17. বসন্তের ছোঁয়া	23
18. তুমি আসবে বলে	25
19. আয় বসন্ত	26
20. বসন্তের বিষ	28
21. বসন্তের প্রেম ভিক্ষা	29
22. শেষ পাতায়	31

· v ·

বিষয়বস্তু

23. যেদিন — 33
24. বসন্তরাঙা — 35
25. বসন্ত জাগ্রত দ্বারে — 36
26. আজি বসন্ত — 37
27. জীবন বসন্ত — 38
28. রং রঙিন — 40

নেটে নেটে ঘুরে বেড়ায় নেট ফড়িং — 41

ফড়িং কথা

ঋতুরাজ বসন্তের আগমনে প্রকৃতি সেজে ওঠে নতুন আঙ্গিকে। পাতা ঝরা বিকেলগুলো মনে করিয়ে দেয় বহু বসন্তের সুখস্মৃতি। নতুন আশায়, নতুন কলতানে জীবনের বার্তা বয়ে নিয়ে আসে বসন্ত। প্রকৃতির রূপরেখায় নিয়ম মেনে বসন্ত আসে তবে ভালোবাসার মানুষ পাশে থাকলে জীবনের প্রতিদিনই বসন্ত। ইতিপূর্বে প্রেম বিষয়ক কবিতা নিয়ে নেট ফড়িং এর একটি কবিতা সংকলন ও কোলকাতা বইমেলা উপলক্ষ্যে 'নেট ফড়িং বইমেলা সংখ্যা' প্রকাশিত হয়েছে। এই দুটো সংখ্যাই পাঠকমহলে ভীষণ সাড়া ফেলেছে। এবার নেট ফড়িং এর লেখক-লেখিকাদের লেখা কবিতা নিয়ে প্রকাশিত হল 'নেট ফড়িং বসন্ত সংখ্যা'। এই সংখ্যাটি পাঠকদের ভীষণ ভালো লাগবে বলে আমাদের বিশ্বাস। বসন্তের নানা রং-এ রঙিন হয়ে উঠুক সকলের জীবন। সকলে ভালো থাকুন, সুস্থ থাকুন।

-টিম নেট ফড়িং

নেট ফড়িং বসন্ত সংখ্যা - ২০২২

সম্পাদক- বিক্রম শীল
   সহঃ সম্পাদক- সায়ন বণিক ও মল্লিকা দাস
   প্রকাশকাল- মার্চ, ২০২২

লেখক-সূচী

তন্ময় দেব, কানাইলাল খাঁ, সন্দীপন সরকার, দীপজ্যোতি গাঙ্গুলী, আব্দুস সাত্তার বিশ্বাস, সায়রী লাহা, রেজাউল রহমান, সৌমিত সরকার, দেবস্মিতা ঘোষ, মৌমিতা রায়, শংকর হালদার, শুভজিৎ দে, প্রজাপতি, ময়ূখ ব্যানার্জী, পহেলী পাল, পাদক, নীলাশা হোড়, সুব্রত দেবনাথ, অভিজিৎ রায়, কপোত শুভ্র পান, অর্পিতা কর, প্রদীপ সরকার, অর্পিতা ভট্টাচার্য্য, ইমানুয়েল হক, শাশ্বতী সেহানবীশ, বিপ্লব সরকার, নীড় বিন্দু বর্মন, প্রশস্তি দাস।

1. সমর্পণ

–তন্ময় দেব

মেঠোপথে পলাশ বিছিয়ে রেখেছি তোমার জন্য।
বসন্তের আঁচল সামলে হেঁটে যাও কোনদিকে?
এত আয়োজনেও বড্ড ফাঁকা লাগে জন-অরণ্য,
তুমি একবার ঘুরে না তাকালে সমস্তটাই ফিকে
দূরে পাখি ঘরে ফেরে ডানায় রোদ মেখে।
মাটিতেও বাসা বাঁধে কত ডানাহীন মন
কখনও কি জানা যাবে না ভাগ্য কে লেখে?
কার ভাগে কতখানি প্রাপ্তি, কতটা সমর্পণ
শত ঝামেলা হলেও আমার হাত ধরে ঘরে ফিরো তবে।
একবুক নদী নিয়ে দিন গুজরান...
পৃথিবী থেকে বিদায় নেব কে কোনদিন কবে!
দেখো, যেন না থামে ভালোবাসার গান...

2. আবার বসন্ত এসে গেছে

-কানাইলাল খাঁ

শিমুল পলাশ আর পাখিদের গান
ফুল, ফুলের গন্ধ, মৃদুমন্দ মলয় পবন
মানেই তো বসন্ত এসে গেছে-
শীত, শীতের বাতাস গেছে হিমালয়ে ফিরে
কৃষ্ণচূড়া রাধাচূড়া আমের মুকুল
পত্রহীন হরীতকী ডালে
কচি পাতা উঁকি মারে
আবার কী, বসন্ত এসে গেছে-
কুহু ডাকে ঘন ঘন ব্যাকুলিত স্বরে
মানুষও জেগেছে মনে কোভিড নেই আর
হয়েছিল মুহ্যমান মানব সংসার
আজ, যেন বসন্ত এসে গেল দ্বারে-দ্বারে
খুলে গেলো সকল অর্গল
নতুন পোশাকে পথে পড়ুয়ার দল
নতুন উদ্যমে, যেন এক অচেনা বসন্ত এলো ফিরে।

৩. ধূসর বসন্ত

–সন্দীপন সরকার

ফেলে আসা কোনও এক বসন্তের দিনগুলি,
ছলকে ওঠে স্মৃতির চিলেকোঠায়।
কোনও এক বসন্তে তাকে দেখেছিলাম,
দেখেছিলাম তাকে হলুদরঙা শাড়িতে।
মুগ্ধ নয়নে চেয়েছিলাম অবাক পানে,
মনের ভেতর ছিল তীব্র অভিমানের পারদ।
কিন্তু, সময়টা যে বসন্ত,
অভিমানের পারদ বদলে যায় প্রেমে।
বালিকাবেলার ঝুমুর ছন্দে সে ঘুরে বেড়ায়,
চোখের সামনে প্রেমের পরশে।
এই বসন্তে তার হাতেই মাখবো আবীর,
ধূসর বসন্ত রঙিন হবে আবার।
বসন্ত মান অভিমানকে প্রেমে বদলে দেয়,
লোকে বলে বসন্ত নাকি প্রেমের পরশ বুলোয়।
ধূসর বসন্ত আজ বদলে যাওয়া প্রেমের বসন্ত,
সুমুদ্রের মতন বসন্তও কেবল নেয় না কিছু ফিরিয়েও দেয়।
আসলে বসন্তই যে রঙিন প্রেমের ফেরিওয়ালা,
বসন্ত এক একটা স্মৃতির পাতা ওল্টায়, বদলায়ও।
বসন্তের অপেক্ষায় থাকতেই বলে উঠি,
বসন্ত তুমি আসছো তো?

মনের গলিপথে বসন্ত ফেরিওয়ালা হাঁক পাড়ে,
রঙিন বসন্ত! রঙিন বসন্ত! রঙিন বসন্ত!
ধূসর বসন্তের বদলে রঙিন বসন্ত।
হাক দিয়ে বলি বসন্ত দাদা! রঙিন বসন্ত কত করে?
বসন্ত দাদা হাক পেরে বলে স্রেফ এক দাম এক দর,
ধূসর বসন্ত দিন, প্রেমের রঙিন বসন্ত নিয়ে যান।
ঘুমটা ভেঙে যায়, চেয়ে দেখি
বালিকা ভেজা চুলে চায়ের কাপ হাতে দাঁড়িয়ে।
আবীর মাখা বসন্ত আজ বদলে যাওয়া নবীন রঙিন।

4. সহবাস

-দীপজ্যোতি গাঙ্গুলী

সহবাস-১
রোজ রাত শেষে কোঁচকানো চাদরের মাঝে
দু-ফোঁটা ভালোবাসা খুঁজে পাই।
এঁটো থালার কোণে লুকিয়ে থাকে
একমুঠো তৃপ্ত গ্রাসের স্মৃতি।
তুমি রয়ে যাও চুম্বনে।
নরম ঠোঁটের আলতো ছোঁয়ায়
দূর হয়ে যায় ক্লান্তি।
তাই তো সারাদিনের যুদ্ধ শেষেও,
আমি-তুমি রয়ে যাই সহবাসে।
সহবাস-২
রোজ সকালে ঘুম শেষে
তোমার এলোমেলো কাপড় আমায় বিব্রত করে
ইচ্ছে হয় তোমার মুখের সামনে গিয়ে
গরম নিঃশ্বাস অনুভব করি প্রাণ ভরে।
তোমার গায়ের সিক্ত গন্ধে আজও হেরে যায়
বিলিতি আতর,
ঘুম না ভাঙার আর্জি নিয়ে তুমি রোজ সকালে
অশ্রু-কাতর।
জড়িয়ে ধরে ঘুমিয়ে থাকি তোমায় নিয়ে

আমার পাশে,
স্বর্গীয় এক সুখ আছে
তোমার আমার এই সহবাসে।

সহবাস-৩

সংসারী হওয়াটা আমাদের লক্ষ্য নয়
তোমায় ছেড়ে থাকতে পারি না,
তাই একসাথে থেকে যেতে হয়।
আমাদের ছক ভাঙা এই জীবনে,
তোমার নরম ঠোঁটের চুম্বনে,
আমাদের আকাশ-কুসুম স্বপ্নেরা দিক খুঁজে পাক,
নিস্তব্ধে আর গোপনে।
ঝগড়া হোক, হোক লড়াই
তবু তোমায় আগলে রাখবো ভালোবেসে
ভালোবাসারা ডানা মেলুক,
আমাদের এই সহবাসে।

5. রং নয়

－আব্দুস সাত্তার বিশ্বাস

আমি এখন আর অপেক্ষা করি না বসন্তের জন্য
শিমুল তলায় দাঁড়িয়ে
সে আসবে রং মাখাব
তার গায়ে বলে
অপেক্ষা করি না ক্যালেন্ডারের দিকে তাকিয়ে বসন্তোৎসবের জন্য
অপেক্ষা করার আমার এখন আর সময় নেই
সেও আর আসবে না শিমুল তলায়
মন দিয়ে সে ঘর করছে একজনের
আমার ঘর যেমন করছে একজন নারী
আমি এখন রং হাতে নয়
তার জন্য দু'মুঠো অন্ন নিয়ে ঘরে ফিরতে চাই
সে আমাকে অন্ন নিয়ে যেতে বলেছে
রং নয়।

৬. বসন্ত ফিরে ফিরে আসে

-সায়রী লাহা

বাতায়নে বসে আছে চেয়ে, বছর একুশের এক মেয়ে।
প্রহর গুনেছে প্রতিদিন বসন্ত ফেরার কথা দিয়েছে।
হারিয়েছে পথ যতদূর যায় চোখ, শতাব্দী অপেক্ষা বুকে জড়ো।
খসে পড়ে জমা হয় পাতা, হয় নাকি পুনর্জন্ম তারও?
রাঢ় বাংলার মেয়ে খড়ি মাটি পথপানে আঁকে।
ফাগুনের রং দুচোখে, পাতা ঝরা মরশুম ডাকে...
বুকুলের গন্ধে লাগে নেশা, মনোহরা বেচে তার পেশা।
ধূসর রং মুছে যায়, প্রেমিকের স্বপ্নে রং মেশে।
অপেক্ষা শেষ হয় তার বসন্ত মেশে একুশে।
হিমেল হাওয়ায় লাগে তাপ, যৌবনে মেশে উত্তাপ।
বুকের কুয়াশা গলে পরে, উষ্ণতা পারদ চড়িয়ে আরও বাড়ে।
রাত জাগা গল্পেরা রূপকথা, প্রেমিকারা জাতিস্মর জানি।
শিরায়-শিরায় গতিপথ, আঁকা-বাঁকা অন্তর্বাহিনী।
ঠোঁটের কোণে পলাশ আঁকলে বসন্ত ফিরে ফিরে আসে।
শীত ঘুম ভেঙে চোখ মেলে, প্রেমিক ওষ্ঠ ডোবায় পলাশে।

7. বসন্ত বাতাস

-রেজাউল রহমান

নিকোটিন এই রাত
বহুদূর, খুব আলাপ।
গন্ধের ঠোঁটে আলতো স্পর্শ
নেশায় পাওয়া চুমুর দাগে
বসন্ত রাতে হেঁটে যাওয়া এই রাত।
বসন্ত আসেনা এই কবিতায়,
ঘুমাবো তাই মহীনের গানে।
বন্য ফুলের গন্ধ ঘুমে,
তবুও বসন্ত রাতে হেঁটে আসা
গানে, কবিতায় বেঁচে থাকে
বসন্ত বাতাস,
প্যাচপ্যাচে ঘাম চামড়ার;
চামড়ার ভীষণ গভীরে আসে বসন্ত,
আরেকটু রং মেখে নিক
কবিতা, গল্পেরা।

৪. না বলা ভালোবাসা

-সৌমিত সরকার

কত বসন্ত কেটে গেছে শীত ঘুমে,
কতোবার ভাবনারা দিয়েছে ফাঁকি,
থেকে থেকে চলে গেছে সুদূর নির্বাসনে,
বলতে চাওয়া কথাগুলির শব্দ হয়ে ওঠা হয়নি আজও...
কিন্তু বলতে চেয়েছি তো অনেক কিছু,
বলতে চেয়েছি অবহেলিত তিরিশ বসন্তের আখ্যান,
এক জীবনে শুধু একটিবার একটি মাত্র
কৃষ্ণচূড়ার ডালিদের হাজার হাজার ফুলে ভরিয়ে দিতে চাই
ভেবেছিলাম বলবো...
গলতে থাকা বরফে লেপ্টে প্রেমিক পাহাড় চুড়োর
উষ্ণ শীতলতা একবার সর্বাঙ্গে বুলিয়ে নিতে চাই
সে কথাও হয়নি বলা...
নির্ঘুম রাত্রির বুকে আস্টেপৃষ্টে জড়িয়ে থাকা
কবিতারা কেঁদে কেঁদে ছন্দ হারিয়েছে কতোবার
চেয়েও বলতে পারিনি...
ফাগের আগুণ জ্বলতে জ্বলতে দাবানল হয়ে
পুড়িয়েছে কতো প্রেমের গোধূলী
বর্ণমালায় গাঁথতে পারেনি ঝরে ঝরে পড়া
শিমুল পলাশের পাঁপড়ি...

৭. বসন্ত স্মৃতি

-দেবস্মিতা ঘোষ

ডাইরির পৃষ্ঠার ভাঁজে যত্ন করে রাখা
পাপড়ি ঝরে যাওয়া বিবর্ণ গোলাপে...
কত রঙিন বসন্তের আনাগোনা
'তুমি'-'আমি' থেকে 'আমরা' হয়ে ওঠার গল্পে।
সেবারও আমায় রাঙিয়েছিলে
সিঁথির সিঁদুরে নয়,
লাল আবিরেই লুকিয়ে ছিল ভালোবাসা
আর পরস্পরকে ছুঁয়ে দেখার অভিপ্রায়;
আজকাল আমার বসন্ত কাটে 'তুমি' ছাড়া
বিরহীনী, একাকিনী, অসহায়...
চারদিকে শিমুল, পলাশ, কৃষ্ণচূড়ায় মাতোয়ারা
এমন বসন্ত দিনে, এখনও মন বিশাল শূন্যতায়
পূর্ণতা পায়নি কোনও, বসন্ত প্রেমের মাদকতায়।।

10. বসন্তের শেষে

-মৌমিতা রায়

কত চলে যাওয়া,
কত ফিরে না পাওয়া।
কত শত আবদারে অভিমান মেশে,
রঙিন বসন্তের শেষে।
কতশত প্রতিশ্রুতি,
কতশত খুনশুটি।
কতশত আবেগ অশ্রুতে মেশে,
রঙিন বসন্তের শেষে।
একমুঠো লাল রঙ আর পলাশে মিশে,
যে অনুভূতিগুলো ঘর বেঁধেছিল।
সে ঘর ভেঙেছে শীতেই,
এই বসন্তে সেই পলাশের জায়গা নেই।
নতুন পলাশ নতুন লাল রং,
চুল চিবুক ছুঁয়ে,
মিশে যাক শরীরে।
আবার এই বসন্তে ঘর বাঁধুক,
থেকে যাক প্রতিটি বসন্তে।।

11. বসন্ত ও কিছু কথা

 -শংকর হালদার

বাতাসের কাছে আজ ঋণী
সুগন্ধি সুরভি নিশ্বাসে,
ঝরা পাপড়িতে সময় চেনা
অন্তরে ছবি আঁকি-
গভীর বিশ্বাসে।
ধুয়েযাক সময়ের মলিনতা
বিদ্রোহ, বিষাদের সুর,
ভেঙেফেলি ক্লান্তির বেড়াজাল
চেতনার আবডালে দেখি-
সমাজ কতদূর...
মিশে গেছে রং মনেপ্রাণে
নেশাজাগে ভালোবাসা খেলায়,
সংসেজে কারও হাসি মুখ-
মুখোশের অভিনয় কতশত
মিথ্যে প্রেম বিলায়।
স্থায়িত্ব বা কতখানি তবু
যেন নাম ধরে ডাকি,
সবুজে ভরে গেছে শীর্ণতার স্থল
ভেসে আসে কোকিলের স্বর
আপন আপনার দিই ফাঁকি।

সময়ের কত খেলা সময়ে সময়ে
পূর্ণতা পায় কি সব?
প্রকৃতি আজ বিষম দ্বন্দ্বে,
সভ্যতার জাঁতাকলে মুগ্ধমানুষ
তবু ওঠে বেদনার রব।

12. কলঙ্ক

–শুভজিৎ দে

এসো নিঃশব্দের কাছাকাছি বসি
নিঃশব্দ এখন বড় প্রিয়
কিংবা চুপ থাকাই শ্রেয়
চাঁদের অভ্যন্তরে যে কলঙ্কের দাগ,
তা এখন আমাদের মধ্যে স্থিতিশীল
বিবাদমান দিন পেরিয়ে যাচ্ছে বেশ
দোষারোপের মেঘ বেশ ঘন
বৃষ্টি কখন কখন ধেয়ে আসছে
সমালোচকদের উক্তি ভিজে গিয়ে
বাণ হয়ে ঢুকছে আমাদের মনের অন্তরে
নির্ণয়মান আঙ্গুলের নির্দেশনায়
কেবল তুমি আর আমি
এসো প্রিয় ভালোবাসা
ভালোবেসে খানিক কলঙ্ক নিয়ে আসি।।

13. শেষ বসন্ত

–প্রজাপতি

সময় বয়েছে
বেলা বয়েছে
দূরত্ব বেড়েছে দু'জনের মধ্যে;
কেবল সমস্ত বেলাটুকু
ভালোবাসাতে পরিণত করেছে
নিকোটিনের ধোয়ার শেষ নিঃশ্বাসে।
হঠাৎই দূরের সব কলরব
যেন শান্ত হয়ে গেছে,
তুমি হয়তো তখন বহু দূরে
একটা নাম-না-জানা গানে; সুর তুলেছে কেউ
আবারও ধীরে ধীরে হারিয়ে যাচ্ছ তুমি,
জড়িয়ে ধরতে চাইছে তোমাকে।
আমরা দু'জনে আবারও ফিরে গিয়েছি
সেই পুরোনো স্মৃতি-তে—
বসন্ত যেন আবার মেখেছি নিজের শরীরে।
বাতাসে তখন কেবল নতুন প্রেমের গল্প
গেঁথেছে নতুন গান—
নিত্য-নতুনও ছন্দে,
সকল নবীন মেলার মাঝে
সকল রঙেরও সাঁজে,

সমস্তক্ষণ যেন বয়ে যায়
সমস্ত ঠোঁটের স্পর্শে;
শীতল ঠোঁট যেন ভিজিয়ে দেয়
জুগলো প্রেমের মাঝে।
বসন্ত যেন আবার এসেছে নতুনভাবে
নিত্য নতুন সাঁজে,
আমরা আবার একা দু'জনায়
স্পর্শ করেছি নিজেকে—
স্পর্শ করেছি তোমার চিত্র;
আমার শেষ বসন্তের ক্যানভাসে-তে।।

14. বনবালা

–ময়ূখ ব্যানার্জী

নুপুরের শব্দে ঘন বন আজ মদমত্ত,
কি এক তীব্র আসক্তির কলতান!
সোঁদা গন্ধ ঝাপটা দিয়ে বয়ে আনে
বাতাস সন্ধি করে মাটির সাথে।
মৃতপ্রায় ঘাসের পাশে নতুন সত্বার ডাক
বয়ে আনে নতুন শিশুর জন্ম সুখ।
বুকে বাজে কি এক অজ্ঞাত সুর
চেয়ে চকিত চোখে ভাঙ্গে ঘোর।
কত শতাব্দীর জমিয়ে রাখা কথাগুলো
শব্দ খুঁজে পায় ব্যাকরণ বুঝে।
কাঠবিড়ালির বাদাম ভর্তি কুঠিতে
বছরের গুপ্ত সঞ্চয় জমে থাকে।
চাঁদের আলোতে সবুজ বনটা কালো,
তবুও রঙীন ছোঁওয়া বসন্তের।
রিন রিন ঝিন ঝিন শব্দ স্বপ্ন এঁকে যায়,
প্রেম খুঁজে দেয় মরু বালুরাশি কোণে।
কে সে দেখিনি স্বচক্ষে আমি তবু,
জানি আমার প্রেমিকা বনবালা এক।

15. অবুঝ

- পহেলী পাল

আমরা বড় হিংসে ছড়াই
হিংসে দিয়ে ভাগ করি,
চোখের সামনে আয়না এলেও
আমরা আবার রাগ করি।
খারাপ কথা 'বলতে নেই'
বললে রেগে চোট করি,
যেই কথাটা বলা বারণ
সেটাই আবার কোট করি।
নম্র হতে ঝোঁকাই মাথা
অহং জানে ফুলছে বুক,
নিঃস্বার্থ দানের মাঝেও
সুপ্ত কোথাও আত্মসুখ।
ঘৃণা বুকে ক্ষমার বুলি
অস্ত্রহাতে শান্তি চাই
কোন কথারা আঘাত হানে
আমরা কি তা জানতে চাই?
যুদ্ধে কে কে প্রাণ খোয়ালো
কোনোদিনও খুঁজতে যাই?
পৃথিবীটাও কষ্ট পায়
আমরা কি তা বুঝতে চাই?

বুঝলে পরেই দায় বেড়ে যায়
আমরা বড্ড অবুঝ তাই
বন-বাদাড়ের মান হুঁশ নেই
হয়তো ওরা সবুজ তাই।

16. বসন্ত বিদায়ে

–পাদক

বসন্ত যখন জাগ্রত দ্বারে
আমি দেখেছিনু তারে
আমার বাগানের নবীন গাছে
গোলাপ ধরেছে ডালে।
তাহার গন্ধে উতাল বাতাস
বসন্ত কুঞ্জ ভরিছে
রঙের বাহারে মাতিয়া ভ্রমর
কি যেন কি করিছে।
সৌম সাহসে বিকচ নয়ানে
গিয়েছিনু তাহার কাছে
উষার আভাসে হাসির কিরণে
হৃদয় রাঙিবার আশে।
পরশিতে দলে কহিলাম তারে
শয্যায় এসো প্রিয়ে
অধরে অধরে চুম্বন করে
দুজনে যাব হারিয়ে।
মৌনী অচলের বাঁকা ইশারায়
বলেছিলে তুমি মোরে
দু'দিনের মোহে মরিবে মিছে
আমারি কন্টক ঘায়ে।

ভূত ভবিষ্যৎ সপ্তম রাগে
কোকিলের কুহুতানে
বসন্ত বিদায়ে তুমি ঝরিলে
আমি মরিলাম বিষে।

17. বসন্তের ছোঁয়া

-নীলাশা হোড়

বসন্তের আগমন
চারিদিক ঝিলমিল করছে বসন্তের মোহময় রঙে,
রঙিন ফুলের লাল-হলুদের শোভা চারপাশে,
চারিদিক সেজে উঠেছে কল্পিত ঢঙে।
শুনেছি দারুণ সবকিছুর মাদকতা।
স্মৃতি গুচ্ছ থেকে নিয়ে এলাম রঙ-বেরঙের খেলা,
আবেগপ্রবণ অনুভূতিতে, এখন শুধুই বসন্তের ছোঁয়া।
স্বচ্ছ নীলাকাশের কোলে অস্তগামী তামাটে লাল সূর্য,
বাতাসে দোলে খুশির অনন্ত প্রাচুর্য।
আসন্ন বসন্তের প্রাণ সঞ্চারী বার্তা!
"ফুটুক বা নাই ফুটুক, ফাগুন এসে গেছে"
চোখের পাতা স্পর্শ করে, একত্রে কাটানো গত জন্মের পুনশ্চ আলোর দ্যুতি।
কোকিলেরা ঝগড়া ভুলে, সূক্ষ্ম আবেগ নিয়ে তৃপ্তি ছড়িয়েছিল মনের উষ্ণতায়।
রঙিন বাঁকা, সরু পথকে সাজিয়েছিল
পাহাড়ের বেরসিক শুষ্কতা!
সবকিছু যেন আবার সেজে উঠেছে
সজীবতার রসে,
বেঁচে থাকতে বড্ড ইচ্ছে হয়,

এই মোহময় দিবসে।
গাছের কঁচি পাতার গায়ে
পড়ন্ত যৌবনে লেগেছিল রঙ বসন্ত
সাজিয়ে নিয়েছিল চেরা সূর্যের তীক্ষ্ণ আলোয়।
মৃত্যু ছাড়িয়ে মন জুড়ে, সেদিন ছিল শুধুই বেহিসাবি সজীবতার উল্লাস।
চাইছে মন ধরে থাকতে
এই সুন্দর সময়টাকে,
ইচ্ছে করছে গায়ে মাখতে
অনুরণন যুক্ত ভয়টাকে।
ফাগুনের তীব্র আগুন ছুঁয়ে, পলাশ ভর্তি পথে হেঁটে বলি-
ন্যায়-অন্যায়, চাওয়া-পাওয়া, নাম সম্পর্কের উর্ধ্বে, পুবালী আলোর প্রসন্নতা!
পাহাড়ের চিরবসন্তের স্পর্শমণি।

১৪. তুমি আসবে বলে

–সুব্রত দেবনাথ

শরীর ক্রমশ উত্তপ্ত হয়ে আসে
সূর্য ওঠার আগে,
রক্ত প্রবাহ হঠাৎ ঊর্ধ্বমুখী ধাবিত হয়
অনন্তকালের ক্লান্তি যেন হঠাৎ পালিয়ে যায়,
বসন্তে কোকিলের কুহুতান শুনি
দেয়ালে কান পেতে,
বিষাক্ত সাপও নীরবে যায় চলে,
যেন টেলিস্কোপে দেখা বহু আলোকবর্ষ
দূরের নক্ষত্রগুলো চলে আসে ভূ-তলে
শুধু অপেক্ষা এ বসন্তে
তুমি আসবে বলে।

19. আয় বসন্ত

-অভিজিৎ রায়

সাদাকালো সব অট্টালিকার ভিড়ে
আমার শহর রঙ মাখেনা আর,
বিবর্ণ সব বুকের বা দিক গুলি
এখন শুধুই কালচে অন্ধকার।
এই শহরে পলাশ ফোটা বারণ
আগুন রঙে পুড়ে যাওয়ার ভয়,
কন্ঠ হারা সব কোকিলের দল
এই বসন্ত তাদের কারো নয়।
আকাশ হেথা মেঘলা বিষাদ মাখা
বাতাস ওড়ায় ধূসর ধূলিকনা,
রামধনুরা মন খারাপের মত
আঁকছে শুধু বিষন্ন আলপনা।
রাজপথে আজ চলছে অবরোধ
রংচটা সব মন কেমনের দল,
যেই বসন্ত হারিয়ে গেছে কবে
স্মৃতির ঘরে সেইটুকু সম্বল।
ভাঙরে এবার নিষেধ ব্যারিকেড
ভালোবাসার রঙিন উচ্ছ্বাসে,
ফাগুন আবার আগুন রাঙা হলে
বুকের ভিতর রক্ত পলাশ হাসে।

আয় বসন্ত নতুন করে আয়
রাঙিয়ে দে আজ বিবর্ণ সব প্রাণ,
সাদা কালো শহর ভিজুক রঙে
কোকিল শোনাক ভালোবাসার গান।

20. বসন্তের বিষ

-কপোত শুভ্র পান

“বসন্ত, আর একটু বসে গেলে না?”
“না, থাক, অন্য আরেকদিন...
এখন যেতে হবে-
চারিদিকে রাস্তায় অন্ধকার,
চারিদিকে বাতাস বিষাক্ত,
চারিদিকে শুধু অসহায়তা,
শক্তিধারীরা নীরব দর্শক...
বুঝলে, হেমন্ত?
অনেক বদলেছে পৃথিবী!
আজ, এ এক বিষাক্ত বসন্ত-
এতে ফাগুনের ছোঁয়া নেই,
নেই উৎসবের রং, ভালোবাসা,
আছে শুধু প্রতীক্ষিত নির্মমতা।
আছে, গ্রাস করার মানসিকতা;
বুঝলে, হেমন্ত!
মননে বিষ ঢুকলে, প্রকৃতি বিষাক্ত হয়ে ওঠে।
তিলে-তিলে জীবনকে শেষ করে।
না, আজ উঠি তবে,
আশু প্রতিকার করতে হবে।”

21. বসন্তের প্রেম ভিক্ষা

-অর্পিতা কর

শুধু তুমি যদি চাও বাঁশির সুরে ভেসে যাবে আমার অঙ্গ।
শুধু তুমি যদি চাও, পারি দেবো গোটা কয়েক বসন্তের সকাল।
প্রেম ভিক্ষা দাও রাই।
বাতাসের ছোঁয়ায় ভেসে যাবো দু'জনায়- বসন্তের দিনে।
বাষ্পের ও সনে, উড়ন্ত কোকিলেরা গাইবে গান।
কিছু আলো ছায়ার পথে, ঝরবে পলাশ ফুল।
উৎসবে মেতে রইবে সবাই।
প্রেম ভিক্ষা দাও রাই।
থাকবে একে অপরের হৃদয়ের স্পর্শ।
সূর্যের কিরণে ভোরে উঠবে সেই বসন্তের সকাল।
শুধু তোমার মুখে শুনতে চাই, ভালোবাসি তোমায়।
প্রেম ভিক্ষা দাও রাই।
সেই বসন্তের দিনে তবু ও তুমি এলে না।
কিন্তু একদিন তোমায় আসতেই হবে।
সেই দিন হয়তো থাকবে না বসন্ত।
হয়তো থাকবো না আর আমি।
পরে রইবে 'শুধুই আমার' নিথর দেহ।
'আর বুকের মাঝে ফুল' ছড়াবে ধূপের গন্ধ।
চারিদিকে ভেসে উঠবে, 'ঠাকুরের গান' আর করতাল এর আওয়াজ।

দাও দাও করে জ্বলে যাবে আমার শেষ শয্যা।
জলের স্রোতে ধুয়ে যাবে–শরীরের স্পর্শ।
কুন্ঠিত জীবনে স্বর্গ হবে আপন।
তখন মৃত্যুকে করবো বরণ।

22. শেষ পাতায়

-প্রদীপ সরকার

দিব্যজ্যোতি বিভাসিত উন্নত বিকশিত হলুদাভ নয়ন,
গেরুয়াবর্ণ রঞ্জিত আলখাল্লা পরিহিত, সূর্য সম শোভায়িত বদন।
বাক্য পরিমিত সুষম সুভাষিত, প্রতিপদে অধিষ্ঠিত অলৌকিক সৃজন,
কে আপনি মহানুভব? কে আপনি? আর কি কারণে এই গৃহে আপনার পদার্পণ?
সম্যক দর্শনে ভক্তির বর্ষণে বয়ে যায় বান, হৃদয়ের ক্যাম্পাসে সম্ভূত উল্লাসে ঘটে দুঃখের অবসান,
আজ ব্যাকুলা মন জানতে কারণ- আপনিই কি স্বপ্নে আসা স্ব-প্রাণের সংবন্ধক সেই মহাত্মাপ্রাণ?
আলাপন কতিপয় কিন্তু কোথায় তা মনে হয়!
প্রতিটি অবয়বে উচ্চারিত- আপনি বহুদিনের পরিচিত এক অভিন্নহৃদয়।
আপনারই আগমনে গগন ও সমীরণে ধ্বনিত অভিনব মনোহর সুর,
পশু পাখি গাছ পালা সব যেন দিলখোলা আহা কতই না দৃষ্টিমধুর।
আজ নেই কোন লোভ, নেই কোন লালসা,
নিন্দুকের নিন্দনেও খুঁজে পাচ্ছি সুভাষিত ভালোবাসা।

ভববন্ধনে আবদ্ধ আমি আজ নিজেই চাইছি হতে ভব-সমুদ্র পার,
আপনি কি সেই পথের সারথি? আপনিই কি সেই সর্বগ সর্বস্থিত সর্বশক্তির আধার?
কিন্তু কি করে সম্ভব! আমি তো কোন পুণ্যতোয়া গঙ্গা নই।
এজীবনে এত বড় সৌভাগ্য আমার আর কই!
সৎসঙ্গ বর্জিত কুসঙ্গে জর্জরিত সকলের অবজ্ঞায়িত আমার এ জীবন,
তবে... তবে আজ এ কার আগমনে হৃদয় পেয়েছে ছন্দানুগমন!
কে আপনি মহানুভব? কে আপনি! আর কি কারণে অধমের গৃহে আপনার শ্রীচরণ?

23. যেদিন

–অর্পিতা ভট্টাচার্য্য

যখন পড়বে না আমার পায়ের চিহ্ন;
সাধুবেলার সাজঘরেতে,
তোমার মনের সিঁধেল দ্বারে,
দিবা-জ্যোৎস্নার কেন্দ্র বনে,
মধু প্রহরের ভ্রমর ধামে,
পুনমের ওই লিপ্ত অলঙ্কারে,
ফাল্গুনের মিষ্টি মেঠোর সুবাসে,
বা ঝিরঝির শ্রাবণের কাকভোরে,
কখনো বা গোধূলির অন্তিম নিঃশ্বাসে,
রাখবে কি তুমি পথ খোলা?
সাজবে কি তুমি নাগর সাজে,
মুঠো মুঠো মোহর আর মুক্তো মাঝে?
তলোয়ারের মসৃণ তাপে সেদিন হবে কি ছন্দপতন?
না কি নয়ন সিক্ত ব্যর্থ বাক্যালাপে কাতর থাকবে সিংহরাজ?
ফুলের ঘ্রাণে না হয়ে ভ্রমর
না দিয়ে পুষ্পাঞ্জলী,
পারবে কি হতে তুমি সেই ফুলেরই মালি?
উষ্ণ দীর্ঘশ্বাসে যখন খেলবে প্রাণ,

ভ্রুকুটি না বেঁকে
ফুটবে তো তোমার ঠোঁটে হাসি?
বাদ্যসমেত ছড়িয়ে পড়বে কি যশের গান?
শোভন স্ফূর্তি, প্রজ্বল মোমে বাড়াবে তো প্রাসাদের মান?
পারবে কি তুমি মুক্তি দিতে সহস্র প্রজাপতির টুঁটি?
হাজার হাজার মায়েদের লাজ,
ছিন্ন পায়ের বুদবুদ রক্তের দাম,
আর শতলক্ষ গাঁজার গুটি?
জানি পারবে না আর যদি হয়ে যায় সত্যি
মায়ার উন্মুক্ত মোহতে সেদিন ছেয়ে যাবে নগরী
রাজা খাবে ব্যাঙ ভাজা
আর পথটি দেখবে দিব্যজ্যোতি!

24. বসন্তরাঙা

–ইমানুয়েল হক

সর্বদা উৎসবমুখর বাঙালি প্রাণ।
মনাকাশে ছড়িয়েছে বসন্তের রঙ।
শারদীয়া-ঈদ-বড়দিনে মোরা বড্ড খুশি,
বসন্ত-আবহে এ খুশি যে বেজায় বেশী।
স্বাধীনতা-প্রজাতন্ত্রের তিরঙ্গায় উচ্চ মোদের শির;
তবু বসন্তের মনহরি রঙ-বেরঙে জুড়ায় মনের নীড়।
রানী সাজে সজ্জিত ঋতুরাজ বসন্ত,
কোকিল ডাকে আনমনা;
মেতেছি যে বসন্ত রঙে-
হয়েছি আমিও বসন্তরাঙা!
আবার আসবো আমি
ফুলকুড়িদের রাঙিয়ে দিতে,
মাতব যে বসন্তরঙে-
হবো আমি বসন্তরাঙা!

25. বসন্ত জাগ্রত দ্বারে

- শাশ্বতী সেহানবীশ

বসন্তের এই মাতাল সমীরণে
মন পবনের ছন্দে আজ মাতোয়ারা।
নিত্য নতুন পাখির কলতানে,
বসন্তের অনুভূতি জাগছে মনে।
দোলের রঙে আকাশ আবৃত
বৃক্ষশাখা আজ কুসুম পল্লবিত।
নব-আনন্দে উদ্যমিত মন প্রফুল্লমন্ডিত
আনন্দ অনুষ্ঠানের সহিত আজ বসন্ত সমাগত।
প্রিয় ঋতু তুমি ঋতুরাজ কহিছ মোরে
আজ বসন্ত জাগ্রত দ্বারে।

26. আজি বসন্ত

-বিপ্লব সরকার

হলুদ শাড়ি পড়ে, মাথায় সবুজ ফিতে বেঁধে,
চলছে সবাই আজ আনন্দে মেতে উঠতে।
বসন্ত যে এসেছে আজ তাই তো আনন্দ হবে সবার,
লাল হলুদে সাজা সবারই দরকার,
নানা রঙে রাঙানো বসন্ত যে আজ,
আনন্দটাই যেন সবারই কাজ।
রাধা কৃষ্ণ দোলে মাতে,
তাদের আনন্দের বৈকুন্ঠে,
বসন্ত যে লেগেছে সবার মনে মনে।
কৃষ্ণচূড়ার মাথার উপর,
ফুটেছে নতুন রঙের ফুল,
খেলবো আজ সবাই মিলে আনন্দেরই দোল।

27. জীবন বসন্ত

-নীড় বিন্দু বর্মন

কে তুমি রঙ্গিনী?
মধুময় লগ্নে ছড়াতাছ
রঙের মেলা, পুষ্পে পুষ্পে
সাজায়ে দিলে জীবনের বেলা।
ঝড়ে যাওয়া বৃক্ষে দিলে
আবেগের দোলা,
শত শত রঙ দিলে ভুবনে
শেষ হলো রঙের খেলা।
আকাশ ছোঁয়া পাহাড়ে
মেঘ ঘেঁষে আহারে,
অফুরন্ত প্রেম জাগে
বসন্ত এল বুঝি বাহারে।
গোধূলিতে মেঘের ধূলি
বসন্তের মেলায়,
বাতাসে ছিন্ন পাপড়ি উড়ে যায়
মলিন হয় কুসুম নয়নে।
ঝড়ে যাওয়া বৃক্ষে
বসন্তের আনাগোনা
নিঃস্তব্দ হয় পৃথিবী
প্রেমিকের বঞ্চনা।

স্বর্ণশিমূল ভরা পথে
নাহি তার পদ রচনা
রক্তকাঞ্চন অভিমান করে
শুকনো তার পাঁপড়ির ফণা।
সুদূর দূরে অতীত পাড়ি
মহুয়ার নেশা,
কুসুম চোঁখে শিশির
মণিমালা বসন্তে হাওয়া।
ফিরবে না আর সেই-
বসন্ত-শৈশবের বেলা,
জীবন বসন্ত পাড়ি দিয়েছে
অমরাবতী বসন্তের মেলা।

২৪. রং রঙিন

–প্রশস্তি দাস

(ষষ্ঠ শ্রেণী)

বসন্ত সমাগমে রঙিন খেলা
হাটে-বাজারে দেখতে পাবে রং এর মেলা।
রং এর কত আছে বাহার,
পিচকারিদের মজার পাহাড়।
দোলে ঠাকুরের আবির খেলায়
মন চলে যায় রং পরীদের দেশে,
যেখানে রামধনু এসে মেশে।
খোলা বাতাসে দেখতে পাই রং-এর আভা
বসন্তে যেন রং নিয়ে নতুন করে ভাবা।

নেটে নেটে ঘুরে বেড়ায় নেট ফড়িং

নেটফড়িং এর সাপ্তাহিক সংখ্যা (অনলাইন) এর জন্য যে যে বিষয়ে লেখা পাঠাতে পারেন:-

- ছড়া (অনধিক ২০ লাইন)
  - কবিতা (অনধিক ২০ লাইন)
  - অণুগল্প (২৫০ শব্দ)
  - ছোট গল্প (১০০০ শব্দ)
  - বড় গল্প (২০০০ শব্দ)
  - প্রবন্ধ/নিবন্ধ (২০০০ শব্দ)
  - ভ্রমণ-কাহিনী (২০০০ শব্দ)
  - বিশ্লেষণমূলক লেখা (১৫০০ শব্দ)
  - ছবি (হাতে আঁকা বা ক্যামেরায় তোলা)

লেখা পাঠাবেন বাংলাতে টাইপ করে বা ডক ফরম্যাটে Whats App বা Mail এ প্রতি সপ্তাহের বৃহস্পতিবারের মধ্যে। লেখার সাথে লেখার শিরোনাম, লেখকের নাম-ঠিকানা থাকা আবশ্যিক।

Whats App- 7501403002

Mail Id- netphoring@gmail.com

পাঠকের মতামত নেপথ্যে-

কি করে জানাবেন আপনার মতামত, কেমন লাগছে নেট ফড়িং, আরও কি বিভাগ চান, মেইল করুন আমাদের netphoring@gmail.com এ সম্পাদকীয় প্রসঙ্গে মতামত জানাতে মেইল করুন sealbikram9@gmail.com এ। হোয়াটস আপ করতে পারেন এই নম্বর এ ৭৫০১৪০৩০০২

আপনাদের মতামতই আমাদের চলার পথের অনুপ্রেরণা, জানান আপনার অভিযোগও।

আমাদের ফেসবুক পেজ এর লিঙ্ক https://facebook.com/netphoring

www.ingramcontent.com/pod-product-compliance
Lightning Source LLC
LaVergne TN
LVHW041715060526
838201LV00043B/756
9798886410785